안녕, 나의 달성공원 시절

안녕, 나의 달성공원 시절

장영빈×이도 지음

w.h.d.

차례

더 늦기 전에 우리가 해야 할 일

대구에서 나고 자란 나와 영빈에게 달성공원은 먼지 쌓인 사진첩 투명 비닐 안에 박제된 기억 속 장소이다.

우리는 결혼 전 각자의 집에서 빛바랜 사진첩을 꺼내 같이 본 적이 있다. 벌거숭이로 빨간 고무대야에 들어가 있는 아기 때 사진을 지나 계곡에서 사촌들과 찍은 어린이 시절, 여행지에서 엄마나 아빠 둘 중 한 사람이 없이 찍은 여러 장의 사진 다음에 무슨 현판 앞에서 가족이 함께 찍은 사진 한 장 등. 사진은 대부분 여행지나 생일 같은 기념일에 찍어서 그런지 장소나 연령대는 달라도 공통된 분위기가 났다. 우리가 동갑이라는 것도 비슷한 풍경과 사진 분위기에 영향을 준 것이리라. 달성공원에서 찍은 사진도 어렵지 않게 찾을 수 있었다. 우리는 남매의 터울까지 같아 내 남동생과 영빈의 여동생 나이도 같다. 사진 속 우리는 동생과 잔디밭에 앉아 있거나 풍선을 들고 있었다.

뒤늦게 알게 된 공원 앞 새벽시장. 처음 시장에 갔던 날을 잊을 수 없다. 그리고 확신했다. 이 특별한 장소를 기록해야겠다고 말이다. 주말마다 집 앞 도로에 불법 주차된 차들과 붐비는 사람들 때문에 무슨 일인지 궁금했는데, 도착해 보니 시장이었다. 매일 차로 지나던 도로가 시장이 되어 있었다.

도로 주변 지역은 재개발로 아파트가 지어진다고 했다. 곧 방음벽이 세워졌고 시장은 규모가 더 커졌다. 하지만 아파트가 다 지어지고 난 뒤에도 지금과 같은 규모와 방식으로 시장이 유지될 수 있을까. 없어지진 않겠지만 지금과 같은 모습은 아닐 게 분명하다. 공사 중인 아파트 모습을 보고 있으면 완공 시기가 얼마 남지 않은 게 느껴진다. 하루빨리 시장의 모습을 남겨야 했다. 더 늦기 전에.

여행을 계획할 때 꼭 알아보는 장소가 있다. 크고 작은 시장인데 요즘은 시장들도 규격화, 표준화되고 있다. 청결과 편리를 위해서는 좋은 방향이지만 특별함이 덜한 건 사실이다. 달성공원에는 지금도 도깨비같이 새벽녘에 나타났다 해가 뜨면 사라지는 시장이 있다. 정신없고 질서도 없지만 활기 넘치는 분위기, 이젠 보지 못할 줄만 알았던 풍경이 이렇게 가까이 있었다.

소비문화의 변화와 주차, 화장실 같은 기반 시설 문제로 쇠퇴하던 시장은 정책과 유행에 따라 프랜차이즈 거리로 변하거나 없어졌다. 그렇기에 대구 한가운데서 열리는 깜짝 새벽시장은 없는 게 없는 만물 시장 그 자체로 소중하다.

평생 대구에 살았지만 비산동에 살고 나서야 이 시장을 발견했다. 혼자 알고 있기에는 아쉬워 주변에 알리고 다니다가 새벽시장이 이미 유명하다는 걸 알게 되었다. 그리고 돌아오는 한결같은 반응.

"그 시장 아직 해요? 어릴 때 엄마랑 같이 갔던 기억은 있는데 여전히 있다는 게 놀랍네요."

'이 시장 도대체 언제부터 있었던 거야.' 내력이 심상치 않은 시장이다.

새벽시장은 달성공원 앞 왕복 4차선 도로에서 매일 열리는데, 다양한 요일과 시간대에 가본 결과 일요일 오전 8시가 가장 좋았다. 오전 5시쯤 시작해

평일에는 오전 8시, 주말에는 오전 10시에 장이 파한다. 물건을 팔고 사는 공간이 도로이기 때문에 오후에 그 길을 지나면 이곳에서 시장이 열렸다는 걸 상상할 수 없다. 정말 도깨비처럼 잠깐 열렸다가 흔적도 없이 사라진다.

달성공원 앞 새벽시장

누워있는 얼굴로 '훅' 하고 불어오는 바람이 느껴졌다. 가을 날씨치고는 이른 아침부터 온도가 미지근했다. 며칠 바깥바람이 시원해진 듯해 에어컨을 끄고 창문을 열어 놓고 잤는데, 아직 에어컨을 끌 정도는 아닌 듯했다. 땀을 흘렸는지 베갯잇이 후끈하고 이불이 몸에 감겨있는 느낌이 눅진했다. 아마도 더워서 잠이 깬 것이리라. 지금이라도 에어컨을 틀고 쾌적하게 주말 늦잠을 잘 것인가, 귀찮으니 이대로 더 잘까 고민하다가 잠이 달아나 버렸다.

"냥."

내가 완전히 잠에서 깬 것을 가장 먼저 눈치챈 건 반려묘 감자였다. 아침 인사를 하러 온 감자의 볼과 이마를 쓰다듬어 주니 고개를 돌려 자세를 바꾸는 감자. 꼬리 끝 엉덩이 위를 톡톡 두르려 주니 이내 골골거리는 소리가 들렸다. 한동안 볼, 이마, 엉덩이 순서로 만지고 두드리는 아침 루틴의 마무리는 감자의 그루밍이다. 하루치 스킨십 분량을 채운 감자가 내 턱을 까끌까끌한 혓바닥으로 핥았다. 넓은 부위에 골고루 해준다면 시원할 때도 있어서 참을 만할 텐데, 꼭 한 곳을 집중적으로 공략한다. 세 번째 만에 얼얼해진 턱, 더 버티지 못하고 몸을 일으켜 앉았다.

"일어났어?"

감자의 반응과 이불 정리하는 소리를 듣고 내가 완전히 일어났다는 걸 알았는지 주방에서 영빈의 목소리가 들렸다. 휴대전화를 찾아 시간을 확인했지만, 배터리가 없는지 꺼져있었다. 휴대전화를 충전기에 꽂으며 영빈에게 물었다.

"응, 몇 시야?"

"7시 일찍 일어났네, 더 자."

"완전 깬 것 같아. 뭐 먹어?"

"어?"

영빈의 당황한 목소리와 함께 문을 넘어온 건 짜파게티 냄새였다.

"아침부터 라면이야?"

"주말이잖아. 그리고 라면은 완전식품이야."

더운 기운은 바깥에서 불어온 게 아니라 주방에서 들어온 열기인 듯했다. 영빈은 라면을 사랑한다. 그는 라면을 제한당했던 어린 시절 한을 푸는 것이라며 대단히 자주 먹는다. 저렇게 먹으면 언젠가 질리겠지라고 생각했던 내 판단은 완전히 빗나갔다. 어쨌든 예상치 못한 나의 이른 기상으로 영빈의 주말 아침 여유를 방해하고 싶지는 않았다.

"그거 먹고 시장에 가볼까? 모처럼 일찍 일어났으니."

"그래. 나 먹을 동안 준비해."

준비는 간단했다. 거울을 보면서 세수 대신 눈곱만 정리하고 모자를 눌러썼다. 그보다 중요한 현금과 장바구니를 챙겨 집을 나왔다. 골목 위로 보이는 하늘이 맑고 높았다. 영빈이 대문을 닫기 전, 내가 다급하게 외쳤다.

"열쇠! 챙겼어?"

대답 대신 자기 바지 주머니를 두드리는 그에게 나는 엄지손가락을 내밀었다.

나는 열쇠를 항상 가방에 넣고 다니기에 평소에 신경 써서 챙기지 않는다. 그래서 가방 없이 잠깐 집을 나올 때, 열쇠가 없어 난감했던 일이 있었다. 그날도 잠깐 산책을 하자며 영빈과 집을 나왔다. 운동 후 다시 문 앞에 섰을 때에야 아무도 열쇠를 가지고 오지 않았다는 걸 알아차렸다. 영빈이 어릴 때 옆집으로 들어가 옥상을 넘어 집에 들어가곤 했다는 이야기를 하면서 옆집에 부탁하겠다고 말했다. 그게 되겠냐고 말을 하면서도 집에 들어갈 방법이 없으니 말려야 할지를 고민했다. 하지만 영빈은 옆집 문 앞에 서서 한참 망설이다 결국 포기했다.

그날 우리 집에 비밀 뒷문이 있음을 알게 되었다. 주택에 사는 사람이라면 알지도 모르겠다. 하지만 그 문은 정말 비상용이었다. 집에 들어갈 방법이 생각났다는 영빈은 잠깐 사라졌다가 온몸에 먼지를 뒤집어쓴 채로 현관문을 열고 나왔다.

시장으로 가는 길은 골목의 수만큼 많다. 길이 딱 하나라면 외우는 일도 쉬울 텐데 갈 때마다 다른 길로 가는 바람에 시장 가는 길을 외우는 데에도 한참 걸렸다. 그래도 팁은 있다. 이른 아침, 달성공원 쪽으로 걸어가다 보면 장바구니를 끌고 가는 사람들을 쉽게 만날 수 있다. 새벽시장에 가는 게 맞는지 물어볼 필요도 없다. 자연스럽게 무리에 섞여 그들이 가는 방향으로 따라 걷다 보면 그 길 끝에 시장이 있다.

돌담이 꺾이는 골목 모퉁이 뒤로 장이 열리고 있는 큰길이 보였다. 동시에 시장의 활기가 느껴졌다. 웅성웅성 사람들의 소리 사이로 한 상인의 힘찬 목소리가 들렸다.

"한 봉지 삼천 원. 두 봉지 오천 원. 쫌, 사 가자!"

온갖 소리를 비집고 진득한 기름 냄새, 담배 연기, 음식 냄새가 빈속에 밀려들어 왔다. 토성 돌담 골목을 빠져나가는 순간 보이는 인파에 눈이 휘둥그레 돌아갔다.

왕복 4차선 도로가 사람과 물건으로 이미 빽빽하게 채워져 있었다. 시장은 농수산물을 비롯해 뜨끈한 어묵, 튀김, 닭강정, 파전 등 먹을거리와 반찬, 죽, 초밥 같은 포장 음식, 생필품, 조리도구, 옷, 신발, 중고 물품, 골동품까지 헤아릴 수 없이 다양했다.

장바구니 밖으로 삐죽 튀어나온 파, 자전거 뒷자리에 실린 과일박스, 어르신 활동 보조기에 주렁주렁 걸린 검은 봉지, 투덜거리며 엄마를 따라가는 아이의 뒷모습. 그 사이에 양쪽으로 카메라를 둘러맨 영빈과 가벼운 장바구니를 흔들며 걷는 내가 있었다.

익숙한 만둣집에서 김치만두와 고기만두를 계산하고 더 살 만한 게 있나 살펴봤다. 하지만 언제나 그렇듯 마땅히 뭘 사야 할지 모르겠기에 우리

장바구니는 항상 가볍다. 코로나로 집에서 밥을 해 먹기 시작했을 때 가장 큰 도움이 되었던 게 밀키트였다. 밀키트 메뉴가 다양해지더니 곧 우리 동네에도 가게가 생겼다. 보통 우리가 장을 볼 때는 밀키트로 메뉴를 정한 뒤 들어가는 재료를 추가로 사는 게 순서이다. 하지만 시장에서는 1차 재료만 보고 메뉴를 생각해야 한다.

그러니까 전골 밀키트를 산 뒤에 배추나 청경채, 고추를 더 사는 건 쉽지만, 빨강 파랑 소쿠리에 담겨있는 배추, 청경채, 고추를 보면서 전골을 생각해 내기란 어려운 일이다. 시장에서 저렴하고 싱싱한 야채를 보면 사고 싶은 마음이 들어 잠깐 서서 어떻게 먹을지 고민하지만, 끝내 사지 못하는 이유다.

야채 구경을 하며 걷다 보니 어느새 달성공원 정문 앞에 도착했다. 여기서 북성로 공구골목 쪽으로 난 길에는 골동품과 중고품이 섞인 벼룩시장 구역이다. 구경하는 재미도 있지만 우리의 쇼핑은 이제 시작이다. 의외로 필요했던 물건을 발견해서 사기도 하고 혹하는 마음에 산 잡동사니가 집안 곳곳에 있다. 한 걸음 떨어져 일행인 듯 아닌 듯 각자 구경을 하고 있었는데 영빈이 내게 가까이와 말을 걸었다.

"돈 얼마 남았어?"

"거의 안 썼으니까. 있을 거야. 뭐 봤는데?"

나는 대답을 하면서 지갑에 있는 만 원짜리를 세었다.

"3만 4천 원 있어."

"체스할 줄 알아?"

"체스? 저걸 사려고?"

영빈이 나를 멈춰 세운 좌판에는 화려한 청자병과 지구본, 오카리나 사이에 나무로 만든 체스 세트가 펼쳐져 있었다. 체스 말도 흠집 없이 벨벳 재질의 천으로 마감된 보관함 안에 담겨 있었다. 갖고 싶다는 영빈의 마음이 이해되긴 했다. 하지만 가격도 비쌀 것 같고 우리가 체스를 얼마나 자주 할지를 생각하면 안 사는 게 맞았다. 가격을 물어보겠다며 멀찌감치 앉아 있는 주인아저씨에게 가는 영빈을 보며 '차라리 무지 비싸라'는 생각을 했다.

"3만 원이래. 살 수는 있는데, 좀 과한가?"

"그러게, 더 살건 없어서 돈을 다 써도 되긴 하는데 우리가 체스를 자주 할까?"

"그렇긴 하지. 충동구매긴 하니까."

단호하게 말려서 영빈이 더 사고 싶게 자극하지 않고 적당히 호응하며 스스로 사지 않는 방향으로 잘 가고 있었다. 이대로 사지 말자며 돌아서기 직전, 우리를 주시하던 주인아저씨가 영빈을 손짓으로 부르는 게 아닌가.

"학생 같아서 2만 원 해준대. 대박이지."

해맑은 표정으로 기쁨을 표현하는 몸짓에 나는 지갑에서 만 원짜리 두 장을 꺼내 영빈에게 줄 수밖에 없었다. 계산하러 달려가는 영빈 너머로 아저씨와 눈이 마주쳤다. 지긋이 웃는 그에게 '네, 제가 졌네요'라는 표정으로 대답했다.

돈을 쓰고 나니 빈속에 급 허기가 졌다. 우리는 어묵 다섯 개와 모둠 튀김을 시키고 자리를 잡았다.

"술은 뭐 줄까요?"

"어, 저희는 사이다 한 병 주세요."

자연스럽게 술 종류를 묻는 사장님의 말에 주변을 돌아봤다. 한쪽에 무더기로 쌓여 있는 플라스틱 박스 안에 있는 술은 전부 빈 병이었다. 오전 시간이 무색하게 다들 가벼운 한 잔 수준이 아니었다. 각 테이블 아래에는 소주, 맥주, 막걸리가 어지럽게 흩어져 있었다. 우리 테이블에도 안주가 도착하고 뜨끈한 어묵 국물과 갓 튀긴 새우튀김을 먹으니 이 알딸딸한 분위기가 금방 이해되었다. 딱 한 잔이 아쉽긴 하지만 기분에 휩쓸려 마셨다가는 오후가 사라지리라. 아쉬운 대로 공기 속에 진득하게 베인 알코올 향을 안주 삼아 어묵 국물로 속을 채웠다.

KENOX

강산식품
유진해장국
526-8501
목 삼 겹 바베큐
통 갈 비 바베큐

DR
에스원

세
5조 0571

국산
최저가

산청 고구마
10kg

HYUNDAI
010-3527-5851

한 창

예천땅콩

소머리국밥
소곰탕
4153

콩국
콩국

청운

1000원

24시 유진해장국
526-8501
목삼겹바베큐
통갈비바베큐
통닭바베큐
야생자연산
미꾸라지
우포늪

달성공원로8길
Dalseonggongwon-ro 8-gil
Dalseonggongwon-ro

1차 순환선내
30

언제나 그때 그 자리에서 타임캡슐처럼

나와 영빈은 달성공원 근처에 살고 있다. 우리는 익숙한 정문이 아니라 동네 골목으로 이어진 공원의 뒷문, '서문'으로 산책한다. 처음 공원에 들어갔을 때, 어렴풋하게 남아 있던 오래된 기억이 선명해졌다. 마치 시간여행이라도 온 것 같이 변치 않은 모습에 한참 말없이 걸었다. 그때 그 동물은 아직도 그대로 있었다. 산채로 박제된 동물들. 몇십 년째 동물원 이전을 추진 중이지만 여전히 그대로다. 동물원이 있어야 하는지에 대해서는 회의적이지만 지금 달성공원에 사는 동물들이 더 늦기 전에 좋은 환경에서 살 수 있었으면 좋겠다.

달성공원은 삼한시대에 토성으로 처음 만들어졌다. 기원 전후부터 300년까지를 삼한시대라고 한다니 이천 년이 넘는 세월에 깃든 이야기가 어마어마하지 않을까. 일제강점기에는 큰 규모의 신사도 있었다고 하니, 이 땅에서 일어나는 역사를 고스란히 쌓아가는 공간이다. 지금도 주말 낮이면 어린이로 공원이 가득 차 활기차게 살아있다. 그 시절 나도 이 장소에 있었다. 대구에서 어린 시절을 보낸 사람이라면 달성공원에서 찍은 사진이 있기 마련이다.

내 오래된 기억 속 달성공원에는 입장료가 있었다. 2000년 4월부터 무료화가 되었단다. 어린이 시절 공원 입구 꽃밭 옆 연석에 앉아 동생과 찍은 사진은 입장료가 있던 시절이었다. 손에 풍선도 하나 들려 있는 걸 보니 떼쓰기가

성공했나 보다.

도시의 오래된 공원이나 놀이동산처럼 가족 나들이나 학교 소풍으로 자주 가는 장소는 어느 도시에든 있을 것이다. 같은 도시에서 태어나 학창 시절을 보냈으면 세대를 떠나 비슷한 추억이 있을 장소 말이다. 나의 부모가 학창 시절 소풍으로 갔었던 곳, 어린 내가 그들의 손을 잡고 다녔던 장소를 지금은 조카들과 함께 가곤 한다. 언젠가 내 자식도 가게 되지 않을까. 내가 태어나기 전부터 그 자리에 있었고 내가 죽어도 남아 있을 공간이기에 달성공원은 대구의 타임캡슐 같은 곳이다.

100인생 달성공원

지끈거리는 두통 때문에 잠에서 깼다. 몸을 웅크린 채 천천히 몸을 일으켜 앉았다. 전날 마신 술이 아직 온몸에 남아있는 듯했다. 손이 저절로 머리를 감쌌다. 찌르는 듯한 편두통이 가라앉는 순간 속이 울렁거렸다. '아, 마지막 한 잔을 참았어야 했는데.' 자책하며 후회해도 소용없다. 다시 잠들 수 없다는 걸 알지만 그대로 누웠다.

다시 눈을 떴을 때 속은 여전했지만, 두통은 가라앉아 있었다. 이제야 옆에서 앓는 소리를 내고 있는 영빈이 보였다.

"괜찮아? 안 좋지."

"응."

영빈은 마른 목소리로 겨우 대답하고는 몸을 반대로 돌려 한껏 웅크렸다. 나 역시 누굴 걱정하고 챙길 컨디션은 아니었다. 다시 눈을 감았다.

온몸이 찌뿌둥해 더 이상 누워있을 수 없는 상태가 되었을 때는 오후 1시였다. 다행히 속도 진정되었는지 허기가 느껴졌다. 이대로 해장을 하면 회복될 것이다. 소중한 일요일의 반을 날려버렸지만 아침의 끔찍한 고통을 생각하면 이 정도로 끝났다는 사실이 기쁘다. 오늘 같은 날에는 매운 신라면에 청양고추를 넣어 먹는 영빈도 진라면 순한 맛이다. 라면 국물에 밥까지 말아먹은 뒤 조금 쉬었다고 생각했는데 시간을 확인하고 깜짝 놀랐다.

"영빈, 벌써 2시야."

"뭐 했다고 시간 너무 빨리 가네."

"이대로 계속 집에 있긴 아쉬운데."

"그러니까. 어디 갈까?"

"컨디션이 완벽하진 않아서."

"나도 그래. 근데 이대로 월요일은 억울하지."

"그럼 달성공원 갈까?"

달성공원에는 문이 두 개 있다. 비산동에서 살기 전에는 나 역시 정문만 알았다. 서문은 토성 위를 걸으며 운동하는 동네 사람들이 주로 이용한다. 주변에 높은 건물이 없어 시야가 트여 있지만 나무가 울타리처럼 둘러있어 무섭진 않다. 단단한 흙길이라 학교 운동장을 걷는 것 같다고 하면 이해가 쉬우리라. 산책로를 따라 걸으면 달성공원 한 바퀴를 돌 수 있다.

집에서 서문까지 천천히 걸어도 10분이면 도착한다. 정문에 비해 소박한 철문으로 들어가면 S자로 굽어진 가파른 오르막길이 보인다. 길이 짧아 쉬면서 올라갈 정도는 아닌데 한 번에 올라가면 꽤 숨이 찬다. 거친 숨을 고르고 나면 가장 가까운 곳에 물개가 보인다. 물개 울음소리를 들어본 적 있는가? 고라니가 울음소리가 악쓰는 비명과 비슷하다던데 물개 울음소리도 못지않다. 깊은 곳에서 올라오는 듯한 낮고 큰 소리가 귓전을 때린다.

물개만큼 눈길을 끄는 장면은 또 있다. 길 옆으로 줄지어 있는 수십 개의 벤치에 장기와 바둑을 두는 어르신들이 게임에 집중하고 있다. 보통 게임을 하는 두 사람과 구경하는 사람까지 해도 서너 명인데 유독 한 경기에 많은 사람이 몰려있었다. 바둑은 잘 모르지만, 흰 돌과 검은 돌이 뒤엉켜 있고 남은 공간도 별로 없어 보였다. 남색 페도라를 쓴 할아버지는 흰 돌을 오른손 안에서 굴리며 마지막이 될지도 모르는 수를 고민하는 듯했다.

어르신 무리를 지나 넓은 잔디 언덕 사이로 난 길에는 연인 구역이다. 등받이 있는 벤치가 띄엄띄엄 놓여있다. 연인들은 가벼운 간식이나 직접 만든 도시락을 의자 위에 펼쳐놓고 먹는다. 출입을 막아 놓은 잔디밭 한가운데에서 까치 한 마리가 그 모습을 구경하고 있다.

이대로 공원 중앙으로 난 길을 따라 나가면 정문이기에 동물이 있는 주변으로 방향을 틀었다. 가장 가까운 원숭이사에 도착했다. 여긴 어린이 구역이다. 원기둥 모양의 사육장 안에는 열 마리 남짓한 원숭이들이 구역별로 나뉘어 있었다. 새끼 원숭이는 어른 원숭이 옆에 딱 붙어 사과를 먹고 있었다. 나이 지긋해 보이는 원숭이는 천천히 우리 안을 걸어 다녔고, 뒤를 돌아 빨간 엉덩이가 보일 때마다 주변에서 익숙한 노래가 들렸다.

그 옆에는 건강이 걱정되는 코끼리 두 마리가 열 걸음도 못 걸을 공간에 살고 있다. 덩치가 코끼리의 반도 안 되는 호랑이나 사자 같은 맹수사육장의 크기와 비교하면 코끼리에겐 가혹할 정도로 좁다. 한 자리에 서서 몸을 앞뒤로 흔드는 행동을 반복하는 두 마리를 오래 보고 있기는 어렵다.

또 다른 공간에는 원숭이, 여우, 물개, 사자, 호랑이, 곰, 코끼리, 독수리, 사슴, 타조들이 노후한 시설 안에서 늙어가고 있다. 동물을 보는 것이 목적이라면 실망하겠지만 소풍이 목적이라면 동물도 볼 수 있는 장소이다.

정문 방향으로 걸었다. 탁 트인 전망을 배경으로 잘 정돈된 조경이 보인다. 유모차에 탄 유아와 걸을 수 있는 어린이, 그들의 부모, 친구들과 함께 온 10대, 데이트를 즐기는 20대, 산책이나 장기, 바둑을 두는 어르신. 그냥 벤치에 앉아 있는 사람들까지. 전 연령대가 각자의 방식으로 공간을 즐기고 있었다.

밖으로 나오니 공원 앞에 북적이던 상인과 사람들은 흔적 없이 사라지고 없었다. 그 자리에는 장난감과 풍선을 파는 아저씨, 솜사탕 아줌마, 마차꾼, 간식

포장마차가 있었다. 그리고 새벽시장 상인들이 전을 펼쳤던 길가에는 나들이온 사람들이 주차한 차가 줄지어 있었다.

나뭇가지에 실처럼 날아든 솜사탕
하얀 눈처럼 희고도 깨끗한 솜사탕
엄마 손 잡고 나들이 갈 때 먹어본 솜사탕
훅훅 불면은 구멍이 뚫리는 커다란 솜사탕

귀에 익숙한 짧은 노래가 끝나면 짧은 정적 후 이어서 똑같은 전주가 시작된다. 화장실에 간 영빈을 기다리며 2분 남짓 앉아 있는 동안 넋 놓고 들었더니 귀에 박혔는지 솜사탕 기계에서 흘러나오는 노래를 어느새 흥얼거리고 있었다.

내가 다녔던 초등학교 앞에도 솜사탕 아저씨가 가끔 왔었다. 가위바위보를 해서 이기면 두 개를 주는 것으로 유명했던 아저씨였다. 대신 지면 돈을 내고도 솜사탕을 받을 수 없었다. 아저씨가 그 규칙을 철저하게 지키지는 않았던 것 같다. 그럼에도 나는 질 것을 걱정해 도전하는 친구를 응원하며 아저씨 주변을 에워싸던 구경꾼 중 한 명이었다. 솜사탕은 기계가 있어야 하고 오래 보관이 안 되니 아저씨가 오는 날이나 관광지에서 우연히 마주치지 않으면 먹을 수 없는 별미였다.

오랜만에 솜사탕을 먹고 싶다는 생각이 들었다. 하지만 손과 입이 설탕 덩어리로 진득해질 생각으로 이어지자 먹고 싶은 마음이 사라졌다. 씻으면 그만이지만 그 번거로움 때문에 잠깐의 달콤함을 포기하는 어른이 되어버렸다.

솜사탕 기계 옆에는 온갖 캐릭터가 프린트된 풍선이 가득 떠 있었다. 그중 유광 파란색 몸에 반짝이는 보라색 선이 들어간 돌고래 풍선이 눈에 들어왔다. '갖고 싶다.' 오랜만이니 하나 정도는 사도 되지 않을까 생각했다. 내 마음도 이런데 어린이들은 오죽할까. 풍선 아래에서 고개를 들어 한참 고민하던 한 아이가 마침내 엘사와 엘라가 그려진 풍선을 들고 기쁘게 발을 바꿔가며 깨금발로 뛰었다. 언제 나왔는지 영빈이 말했다.

"우리도 하나 살까?"

"큰 건 얼마 하려나?"

"글쎄 만 원은 넘겠지?"

"그렇겠지. 사고 싶다가도 돈 생각하면 아깝네."

"사고 싶어? 그럼 사자."

"아냐, 말자. 그 돈으로 외식이나 하자."

가격을 생각하니 나는 저 아이처럼 좋아하지 않을 텐데 사서 뭐 하나 하는 생각으로 이어졌다. 집으로 가자며 눈길을 거두다가 리어카에 달린 토끼와 말의 얼굴이 기괴해 한참 봤다. 당연히 동전을 넣고 일정한 속도로 움직이는 놀이기구라고 생각했는데 자세히 보니 돈 넣는 곳도 없고 놀이 방식도 수동이었다.

어린이 스스로 몸을 위아래로 움직여 말을 타야 하는 기구였다. 그렇게 한참 구경하다가 옆에 있는 마차꾼과 눈이 마주쳤다. 쑥스러운 마음에 어색하게 눈인사를 했더니 그가 말을 걸었다.

"마차 한번 타볼래요? 길 따라 공원 한 바퀴를 도는 거예요."

"괜찮아요."

"이번에는 진짜 동물원을 옮긴다는데 여기 동물 없어지면 장사 접어야 안 되겠어요. 그래서 없어지기 전에 한번 타보라고 그냥 해 본 말이었어요."

오늘처럼 애매한 시간이 생기면 오게 되는 달성공원. 볼거리가 없는 것 같으면서도 소소하게 구경하는 재미가 있다. 그래서 사람들이 계속 찾아오고 낡고 냄새나지만 잊히지 않는 것이 아닐까.

공원에 동물이 사라지면 더 이상 공원을 찾지 않을 사람들이 있을 것이다. 잘 모르겠지만 적어도 어린이와 가족들은 확실히 줄어들 것 같다. 산책과 나들이 오는 사람들은 있어도 풍선을 사고 솜사탕 먹을 아이들은 줄어들겠지. 아무래도 장사를 계속할 만큼의 수요는 장담할 수 없겠다고 생각했다.

Mimi

어린이안전 CCTV 작동중

碑

POLI

솜사탕

AND

칠성사이다

다함께 동물을 사랑합시다
Welcome

상행위 일절금지

정문슈퍼
한성

익숙한 공간을 기록하는 마음

달성공원을 주제로 이야기를 쓰겠다는 계획은 어느새 옛날이야기가 된 코로나19 시절부터였다. 특히 대구는 초기에 혹독하게 겪었다. 자영업자와 프리랜서인 우리는 많은 일이 끊겼고 가족이라도 같이 사는 게 아니라면 만나는 걸 꺼리는 분위기였다. 일주일에 6, 7일을 일했던 나와 영빈은 주 5일 오전 근무로 노동시간이 줄었다. 갑자기 생긴 시간에 새로운 일을 시작하고 싶었다.

유튜브 채널을 만들었다. 어렵고 막막한 마음과 달리 시작하는 건 쉬웠다. 중요한 건 무엇을 어떻게 찍어서 보기 좋게 편집하느냐였다. 중고로 산 소니 액션캠을 들고 동네를 돌아다니며 영상을 찍었다. 따뜻한 볕 아래에서 식빵을 굽거나 늘어지게 자는 길고양이, 한 사람 겨우 지나갈 수 있는 작은 골목길, 그 위에 어지럽게 뒤엉켜 있는 전깃줄. 우리 동네에서는 쉽게 볼 수 있지만 점점 사라지고 있는 모습을 영상으로 기록했다. 그 안에 달성공원이 들어가는 건 당연했다.

동네의 많은 집들이 2층 주택이거나 4, 5층 빌라이다. 수많은 골목과 언덕에서 마주치는 길고양이는 사람을 무서워하지 않는다. 좁은 골목 사이로 보이는 직사각형 하늘이 전깃줄에 뒤덮여 있는 모습도 영상을 찍으면서 자세히 보게 되었다. 총 다섯 개, 산책길 영상의 조회 수는 100회가 넘지 않았다. 새로운 도전으로 얻은 건 액션캠과 내가 사는 동네에 대한 관심이었다.

우리 집 주소는 비산 2.3동이다. 해리포터에서 나오는 9와 4분의 3정거장도 아니고 2.3동이라니. 달성공원을 둘러싸고 있는 동네이자, 인구가 줄고 줄어 동이 합쳐진 동네다. 그래서 주소를 얘기하면 꼭 되묻는 질문을 받게 된다.

"예? 이쩜삼동이요? 그런 동도 있어요?"

그럼 하기 싫어도 구구절절 이야기를 시작하게 된다.

"아, 그게. 2동이랑 3동 사이가 아니고 2동이랑 3동이 합쳐져서 그래요. 그냥 이쩜삼이라고 붙여 쓰시면 검색될 거예요."

최대한 도로명 주소로 쓰거나 얘기하려 하지만 무의식 중에 옛 주소가 튀어나오는 건 어쩔 수 없다.

영빈은 비산동에서 나고 자랐다. 지금 우리가 사는 집은 영빈이 태어난 집이자 평생 살고 있는 공간이다. 너무나 익숙한 이곳을 지금부터라도 기록해야 한다고 영빈을 설득하는 일이 가장 어려웠다. 그는 흔하고 당연한 풍경이라며 특별하지 않다고 말했다. 하지만 언젠가, 어쩌면 곧 사라질 모습이라는 것에 동의한 후 함께 기록하기로 했다.

텅 빈 거리

어느새 저녁 어스름이 깔린 거리. 시장도, 나들이 온 차도, 사람도 없어 한적하다. 낮 동안 바빴을 주차 관리인들도 한곳에 모여 하루를 마무리하고 있었다.

"'칙칙, 측측, 착착."

규칙적인 기계 소리에 주변을 살폈지만, 거리에 문 열린 상점은 없었다. 소리가 나는 곳에 도착하니 줄지어 서 있는 기계가 목장갑을 짜고 있었다. 살짝 열린 문틈으로 장갑이 만들어지는 모습을 넋 놓고 구경했다. 소음이 덜했다면 더 봤을 텐데, 장갑 한 짝이 완성돼 바구니로 들어가는 모습에서 묘한 만족을 느꼈다.

몸을 돌리자 달성공원 쪽에서 바람이 불어왔다. 무방비 상태에서 특유의 동물 냄새와 진한 생활 냄새가 코로 들어왔다. 나는 순간 숨을 멈췄다.

"윽"

"익숙해지지 않는 냄새란 말이야."

"그러게. 이거 동물 냄새지?"

"그렇긴 한데 거기에 술 냄새가 섞인 거야."

"술 냄새?"

"그뿐이야, 동물 냄새, 막걸리 냄새 거기에 장사하고 남은 쓰레기 등 온갖 불쾌한 냄새가 다 섞여 있는 거야."

"아, 그러고 보니 막걸리 냄새가 나네."

내 대답에 영빈은 한숨을 쉬고는 내키지 않는 표정으로 말을 이었다.

"지금이야 주변이 개발되면서 정리되거나 보존으로 정비하고 있지만 전에는 어둡고 냄새나고 낡은 동네라는 이미지가 훨씬 더 강했거든. 그래서 학창 시절 어디 사느냐는 질문을 받았을 때 달성공원 뒤쪽이라는 대답을 하기 싫어서 어물쩍 넘어가기도 했어."

영빈은 그 말을 할 수밖에 없는 상황에서 대답을 들은 상대방이 "아...."라며 애매한 반응을 하면 마음이 구겨질 수밖에 없다며 이어서 말했다.

"만약에 동물 냄새뿐이었다면 내가 이 거리를 그렇게나 부정적으로 생각했을까 싶어. 동물원 주위에서 동물냄새 나는 거야 그럴 수 있잖아. 그런데 아침부터 술에 찌든 냄새랑 생선 비린내, 음식물 쓰레기가 썩어가는 악취까지. 지금 저녁인데도 아직 냄새가 난다는 건 그냥 이 거리에 배어있는 거야."

"낮에는 이 정도로 심한 것 같지는 않았는데."

"맞아, 사람들이 많을 때는 뭐랄까 그 활기나 분위기에 냄새가 기를 죽이고 있다가 사람들이 사라지고 아무것도 없는 시간이 되면 스멀스멀 올라오는 거지."

"뭐야, 냄새가 살아있는 거야?"

"그래도 비산네거리하고 하면 잘 모르는데, 달성공원이라고 하면 대부분의 사람이 아니까 뭐랄까. 싫으면서 나름 괜찮은, 오래된 것 중에 이름 있는, 그런 이중적인 감정을 다 느끼게 해주는 존재인 것 같아."

"마을 입구에 있는 보호수 같기도 하네."

"그런데 재미있는 게, 달성공원을 둘러싸고 있는 주변 동네는 전부 서구인데 달성공원은 주소가 중구더라 웃기지."

"그럼 달성공원은 우리 동네가 아닌 거야?"

"동네를 구분하는 게 행정 구역상 주소면 그렇다고 할 수 있지."

어깨를 으쓱이며 특유의 넉살스러운 표정을 짓는 영빈이었다.

해가 완전히 진 어두운 밤. 달성공원 입구에 서서 반대편 도로를 내려다보니 가끔 지나는 자동차 불빛이 적막한 거리를 비추고, 그 길 한가운데 순종 황제 동상이 존재감을 내뿜고 있었다.

"저 동상 제대로 보는 건 처음인 것 같아."

"항상 주변이 어수선하고 시끄러워서 그럴 겨를이 없었네."

또 눈에 띈 입간판에는 새벽 시장의 폐장 시간이 안내되어 있었다. 낮에는 있는 줄도 몰랐던 샛노란 안내문이었다. 그때 어둠 속에서 움직임이 느껴져 뒤를 돌아봤다. 눈이 어둠에 익숙해지자 트럭 적재함에 가득 실린 플라스틱 상자를 도로 위에 펼쳐놓고 있는 사람이 보였다. 그는 어두운 가로등 아래에서 서두르는 기색 없이 부지런히 몸을 움직이고 있었다. 놀란 내가 영빈에게 말했다.

"내일 시장 자리를 지금부터 맡아 놓는 거야?"

"그런가 봐. 멀리서 왔나? 일찍 자리 잡고 차에서 눈을 붙이려는 모양인데."

그뿐만이 아니었다. 맞은편 국밥집도 분주한 분위기였다. 한 사람은 가게 앞 도로에 접이식 그늘막을 설치하고 있었다. 다른 사람은 육수 담당인지 드럼통 모양의 화덕 위에 가마솥을 올리고 그 안에 물을 채우고 있었다. 그제야 오전 10시에 만취해 있던 사람들이 생각났다. 아침부터 취해 있기엔 하루가 아깝다고 생각했는데, 그건 깨어난 지 3시간도 안 된 내 기준이었다. 밤에 하루를 시작하는 그들에게 오전은 퇴근 시간이었다. 알전구 밑에서 장사 준비를 시작한 사람들을 뒤로하고 우리는 집으로 돌아가기 위해 큰길을 벗어나 골목으로 들어갔다.

달성토성 돌담을 왼쪽에 끼고 가파른 오르막길을 올라갔다. 언덕 위에 서면 주변에 높은 건물이 없는 덕분에 소소한 야경을 즐길 수 있다. 비슷비슷하게 낡고 오래된 건물 뒤로 하루가 다르게 높이 올라가는 새 아파트가 보였다. 아직 사람이 살 수 없는 잿빛의 건물과 사이사이에 솟아있는 타워크레인은 의외로 이질감 없이 구도심의 거리와 어울렸다. 건물이 완공되고 선명한 페인트까지 칠해진 다음에는 그렇지 않겠지만 말이다.

"이제 페인트칠만 하면 되겠어. 거의 다 지었네."

내 말에 영빈이 고개를 끄덕이며 대답했다.

"정말, 아파트에 사람이 살기 시작하면 동네가 환하겠다."

"응, 저 동네에 사진 찍으러 갔던 게 엊그저께 같은데."

"맞아, 우리 그랬었지."

재개발이 본격적으로 시작되기 전, 사람이 거의 살지 않는 동네를 사진으로 남겨놓자며 갔었다. 대부분의 건물 문에 빨간색으로 엑스 표시가 그어져 있었고 아무렇게나 버려져 있는 쓰레기와 깨진 창문이 스산한 분위기를 풍겼다. 최근에 리모델링한 듯 외관이 깨끗한 건물도 있었는데 보면서 아깝다고 생각했다.

반대로 최근까지 사람이 살았다는 게 믿기지 않는 상태의 집도 있었다. 사람이 살지 않는 집이 빨리 상한다는 말을 실감했다. 이미 공사 벽을 세우고 철거를 시작한 구역도 있었지만, 마지막까지 살고 있는 주민도 있었다. 집 앞에는 빨간 문구로 보상에 대한 억울한 심정이 적혀 있어 쉽게 알 수 있었다. 그들 속에서 카메라를 들고 돌아다니는 우리는 눈에 쉽게 띄었다. 괜히 긴장한 상태로 동네를 나왔던 기억을 떠올리며 내가 말했다.

"그때 동네를 돌아다녀 본 뒤에 이 넓은 곳에 얼마나 많은 아파트를 짓겠다는 건지 실감이 안 났거든. 근데 철거가 끝난 평평한 땅을 보니 생각보다 넓지 않아서 놀랐어. 어떻게 그 많은 집이 있었나 싶더라."

"빈 곳은 실제보다 좁게 느껴진다잖아. 물건이 들어오기 전보다 물건으로 채워진 공간이 더 넓게 느껴지니까."

"하긴."

다시 한참을 걸어 종아리가 뻐근해질 무렵 달성공원 뒤에 있는 우리 집에 도착했다.

THE NORTH FACE

50

P
공원 유료주
공원
유료 주차장

천천히 천천히

직업소개소
554-0377
32

수미원
30
30

성미죽

HWASEUNG
화성기계종합상사
목공구
전동공구

103
pepsi

정문수퍼
정문수퍼
30
30
주·정차금지

자전거 보관대

1311-8

안녕히가십시오

"여기 달성공원 아니야?"

"맞는 것 같기도 하고 아닌 것 같기도 하고. 공원은 맞는데 달성공원이라는 확신은 못 하겠다."

"혹시 모르니까 일단 챙길까?"

내가 대답하며 앨범의 비닐을 조심스럽게 벗겨 사진을 떼어 냈다. 우리는 어릴 때 달성공원에서 찍은 사진을 찾는 중이었다. 옛날에 사진을 찍은 장소에서 같은 포즈로 현재를 찍으면 재미있겠다는 생각에서 시작된 일이었다. 막 걸음마를 시작한 영빈의 뒤로 보이는 건 나무와 흙바닥이었다. 달성공원이 아니더라도 맞다고 우기면 상대도 모를 것 같았다. 한참 사진을 보다가 무심결에 뒷면을 돌려봤다.

"어! 달성공원 맞아. 어머니가 장소랑 날짜를 다 쓰셨나 봐."

'92년 5월 달성공원에서'라고 쓰인 사진 뒷면을 영빈에게 보여줬다. 이후 긴가민가한 사진은 뒷면을 확인하면서 사진을 골랐다. 근처에 살아서인지 영빈은 달성공원에서 찍은 사진이 꽤 많았다.

다음은 내 차례였다. 달성공원에서 찍은 사진이야 당연히 있다고 생각했다. 앨범을 넘길수록 사진 속 나는 점점 어려지는 데도 달성공원에서 찍은 사진은 보이지 않았다. 마지막 앨범에서야 몇 장 찾을 수 있었다. 한 장씩 날짜를 확인하다가 문득 어떤 생각이 들었다.

"혹시 우리 같은 날 찍은 사진이 있을까?"

내 말에 영빈도 눈을 반짝이며 날짜를 확인했다.

"내가 93년에 5월이랑 10월 두 번 갔는데, 혹시 93년도 있어?"

"나도 93년 5월 있어."

"어디 봐봐."

흥분한 우리는 날짜를 비교했다. 아쉽게 일주일 정도 차이가 있었다. 그 대신 '들어가지 마시오'라는 팻말이 박힌 같은 장소에서 비슷한 포즈로 앉아 찍은 사진이 있었다.

다음날 우리는 사진을 들고 달성공원으로 향했다. 입구 오르막길 조경 연석에 앉아 있는 내 사진을 보면서 같은 위치에 앉아 사진을 찍었다. 비슷하게 찍혔는지 사진을 비교해 보니 위치도 같고 뒤로 보이는 정문 풍경도 같은데 뭔가 달랐다. 4살 난 아이의 키보다 작던 사철나무 울타리가 어른 골반 높이로 자라 있었다. 내가 사진 속 나무를 가리키며 말했다.

"와 이 나무 엄청나게 자랐네."

"생각해 보면 30년의 세월인데 그런 것 치고는 적게 자란 거 아니야?"

"그런가."

다음은 입구 왼쪽에서 찍은 영빈의 사진이었다. 최대한 비슷한 각도로 영빈을 찍어주려니 내 자세가 점점 낮아졌다. 아이를 앉히고 엄마가 최대한 낮은 자세로 사진을 찍었겠구나 싶은 생각이 들었다.

따라서 찍을 만한 장소가 더 있나 사진과 유심히 비교했다. 그러다 문득 사진 속 인파에 놀랐다. 요즘도 주말이면 달성공원으로 나들이 오는 사람들이 많다. 어르신은 물론 어린이도 많아서 새삼스레 대도시에 산다고 생각하게 된다. 그런데 사진 귀퉁이 속 배경에는 상상을 초월하는 인파가 보였다. 달성공원이 수용할 수 있는 한계를 넘어선 인구밀도였다. 그때와 지금은 나들이 갈 곳도 즐길 것도 다르고 태어나는 아이들의 수도 적으니 당연한 이야기인지도 모르겠다.

5월 중순을 넘어서 그런지 한낮의 태양 아래는 더웠다. 나와 영빈은 지친

에너지를 회복하기 위해 그늘진 벤치를 찾아 앉았다. 다양한 연령층의 사람들이 공원을 즐기고 있지만 서로 선호하는 구역도 미묘하게 달랐다. 우리가 앉아 있는 곳은 어르신 구역인 듯했다. 위로는 나무가 볕을 가려주고 앞으로는 덤불이 시야를 적당히 가려줬다. 덤불 넘어 어린이들이 뛰어노는 소리가 들렸다. 영빈도 비슷한 생각을 했는지 입을 열었다.

"다들 여기 앉아 있는 이유를 알 것 같아."

"그러게. 시선은 차단되면서 에너지 넘치는 분위기는 느낄 수 있는 게 좋네."

"응. 조화롭다는 말이 저절로 나와."

나는 대답 대신 고개를 끄덕였다. 영빈이 이어서 말했다.

"이렇게 앉아 있으면 옛날 생각이 저절로 날 것 같아. 나중에 30년쯤 더 지나고 내가 더 나이 들어서 여기에 앉아 있을 때도 지금과 비슷한 분위기가 유지될지 상상해 봤단 말이야. 그런데 힘들지도 모르겠다는 생각이 들었어. 어떻게 얼마나 변해있을지는 몰라도 어린이들이 뛰어노는 곳으로는 여전히 사용되었으면 좋겠어."

"공원까지 사라지지는 않겠지만 동물원은 언젠가 이전할 거 아냐."

"그런 이야기가 나온 지는 한참 됐어. 그렇다고 영원히 변하지 않는 것도 아니겠지만."

공원에 동물이 사라진 다음에는 어떻게 될까. 아파트가 완공되면 시장은 어떻게 될까. 시간은 흘러 아파트는 입주를 앞두고 있고 동물원 이전 소식은 아직이다. 한창 공사를 하던 때와 비교하면 시장의 규모가 줄었다. 하지만 훨씬 전부터 있던 시장이다. 오랜 시간 동안 물건을 사러 오는 사람들이 있고, 새벽에 나와 장사 준비를 하는 상인이 있는 한 시장은 계속될 것이다.

영빈이 평생 살았던 집에서 우리가 이사하는 순간도 올 것이다. 시간은 계속 흐르고 비산동에서 있었던 일이 희미해지고 어쩌면 시장의 존재도 잊어버리게 될지 모르겠다. 어린 시절 사진을 보고 있어도 그 당시를 전혀 기억하지 못하는 지금을 보면 충분히 있을 법한 일이다. 그래서일까, 오래된 공간은 내가 기억하지 못하는 나의 모습까지 전부 기억하고 있을 것만 같은 환상과 위로를 준다.

안녕, 나의 달성공원 시절

초판 발행 2024년 4월 30일

지은이 장영빈, 이도

디자인 정재완

펴낸이 최외출

펴낸곳 영남대학교출판부

출판등록 1975년 9월 5일 경산 제16-1호

주소 경상북도 경산시 대학로 280

전화 053) 810-1802~3

FAX 053) 810-4722

홈페이지 book.yu.ac.kr

ISBN 978-89-7581-955-1 03090